Welcome to Japan!

中学英語で話そう
日本の文化

3 伝統文化でおもてなし

大門久美子[編著]

汐文社
ちょうぶんしゃ

もくじ

この本の使い方

● 4人の中学生と、日本文化にくわしい猫のブチの会話で、日本の生活や文化を紹介する表現を学びましょう。

● すぐに使える単語や表現を 紹 介しています。

● 「キーフレーズ」は、そのページのいちばん重要な表現。ぜひ中学生に覚えてほしいものを選びました。

● おおむね中学3年生時点で学習していないと考えられる語には、参考としてカタカナで発音を表示しています。ピンクの文字のところを強く読むと英語らしくきこえます。

＊英語は世界中で使われていて、国や地域によって表現や発音がちがうことがあります。この本で紹介する表現や発音は、アメリカで使われている英語を基本にしています。

この本の登場人物

Lily
リリィ
アメリカ出身。
行ってみたい場所は原宿。

Sakura
サクラ
中学2年生。
スポーツならなんでも得意。

Ryu
リュウ
中学2年生。最近うれしかったのはアイドルに会えたこと。

Sai
サイ
インド出身。食べることが大好き。

Buchi
ブチ
日本文化にだれよりもくわしい。実は何百年も前から生きている!?

南北に長い日本

日本の地理

 Let's look at the Japanese islands on the map.

地図で日本列島を見てみよう。

Japan is long from north to south.

日本は南北に長いね。

About 70% of the land is mountains and flat (フラット) areas are limited (リミティド). Only 4% is for residential (レズィデンシャル) use.

国土の約70%が山で、平地は限られておってのう。人の住める土地はわずか4%じゃ。

 It's like "neko-no-hitai."

まるで「猫の額」みたい。

 What does that mean?

それって、どういう意味?

 You can understand when you see Buchi's forehead (フォーレッド). It means "a small area."

ブチの額を見たら、わかるよ。「とっても小さい」ってこと。

日本の地図

Sea of Japan
日本海

Sea of Okhotsk
オウカツク
オホーツク海

Noto Peninsula
ペ ニ ン ス ラ
の とはんとう
能登半島

Hokkaido
北海道

Lake Biwa
びわこ
琵琶湖

Pacific Ocean
パ スィフィク
太平洋

Hiroshima
広島

Kyoto
京都

Tokyo
東京

Fukuoka
ふくおか
福岡

Nagoya
名古屋

Tokyo International Airport
インタナショナル
東京国際空港

Narita International Airport
成田国際空港

Okinawa
おきなわ
沖縄

Mt. Fuji
富士山

Yokohama
よこはま
横浜

日本でいちばん高い山

日本のナンバーワンいろいろ

 Do you know the number one things in Japan?

日本一のものを何か知っているかな？

 I know! **The highest mountain is Mt. Fuji.** ◀ キーフレーズ

知ってる！ 日本でいちばん高い山は富士山。

 The longest river is the Shinano River.

日本で一番長い川は信濃川。

 Well, which station is the highest in Japan?

じゃあ、日本で一番高い駅は？

 Where is it? Is it near Mt. Fuji?

どこだろう？ 富士山の近くかな？

 No. Tokyo Station!

ちがう。東京駅じゃよ！

 Why?

どうして？

 Because all trains are "down" from Tokyo Station.

東京駅を出る列車はすべて「下り」だからじゃ。

日本のナンバーワン

高い山

Mt. Fuji
富士山

低い山

Mt. Benten
弁天山

長い川

Shinano River
信濃川

大きい湖

Lake Biwa
琵琶湖

広い平野

Kanto Plain
関東平野

深い湾

Suruga Bay
駿河湾

広い湿原

Kushiro Marsh
釧路湿原

落差のある滝

Shomyo Falls
称名滝

高い建築物

Tokyo Skytree
東京スカイツリー

宿題をしてくれるロボット！

主な産業

 I saw a robotic receptionist in a hotel on TV.

ロウバティク　リセプショニスト

テレビで、ホテルで受付をするロボットを見たよ。

 My mother bought a robotic cleaner.

お母さんがロボット掃除機（そうじき）を買ったわ。

 Japan's robot industry is very advanced.

インダストゥリィ　アドゥヴァンスト

日本のロボット産業はとっても進んでいるよ。

 A robot can beat a human being at *shogi*.

ビート

将棋（しょうぎ）で人間に勝っちゃうしね。

 What kind of robot do you want?

みんなは、どんなロボットがほしいかな？

 One that does our homework!

宿題をしてくれるロボット！

キーフレーズ

盛んな産業を説明しよう!

In Japan, the car industry is doing well.
日本では、自動車産業が盛んです。

In my town, tourism is doing well.
私の町では、観光業が盛んです。

*過去の場合は、isをwasに変えて言おう。

agriculture
農業

fishing
漁業

dairy farming
酪農

paper manufacturing
製紙業

textiles
織物業

tourism
観光業

cement industry
セメント産業

ceramics
窯業

lacquer craftworks
漆器工業

「お年玉」って?

大晦日とお正月

 It's New Year's Eve today.
今日は大晦日。

 It'll be New Year tomorrow.
明日はお正月だね。

 I'm looking forward to getting "otoshidama."
キーフレーズ
「お年玉」がもらえるのが楽しみだな。

 What's "otoshidama?"
「お年玉」って何?

 It's New Year's gift money.
新年にもらうお金だよ。

 In the past, children only got a rice cake.
ずっと昔は、餅をもらったものじゃ。

 Really? I'm glad that I wasn't born then!
ホント? その頃に生まれなくてよかった!

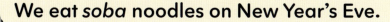

大晦日とお正月を説明しよう！

We eat *soba* noodles on New Year's Eve.
大晦日にそばを食べます。

Year-End *soba* noodles
年越しそば

bells on New Year's Eve
除夜の鐘

We visit a shrine on New Year.
お正月に初詣に行きます。

New Year's shrine visit
初詣

New Year's card
年賀状

New Year's food
お節料理

福笑いをしようよ

お正月の遊び

Let's play *fukuwarai*
puzzle.
福笑いをしようよ。

How do you play?
どんなふうにするの？

Put a cover over your
eyes and then try to put
parts of the face onto a
blank paper face.
目隠しをして、顔のパーツを紙の顔
の上に置いていくんじゃよ。

Let me try.
I'm putting this here,
here, here, and here. Done!

やらせて。ここと、ここと、ここと、こ
に置くよ。できた！

Wow! Buchi's face looks
like it's crying.
わー！ ブチの顔、泣いているみたい。

いろいろなお正月の遊び

Japanese badminton
バドゥミントン

羽根つき

***karuta* card game**

かるた

top spinning
スピニン（グ）

独楽回し

いろいろな凧❶──Japanese kite 和凧
カイト

***yakko* kite**

やっこ凧

***kaku* kite**

角凧

***rokkaku* kite**

六角凧

いろいろな凧❷──foreign kite 外国の凧
フォーリン

Delta kite
デルタ

デルタカイト

framed kite
フレイムド

立体凧

sailing-ship kite
セイリン（グ）

帆船凧
はんせん

花より団子!

春の行事

 The cherry blossoms are in full bloom.
<ruby>ブルーム</ruby>

桜が満開だね。

 They're so beautiful!

とってもきれい!

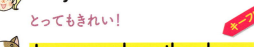 Japanese love the cherry blossom viewing.

日本人はお花見が大好きなんじゃ。

 Now, I'll have my lunch box.

さっそくお弁当を食べるぞ!

 Will you eat it now? Don't you want to see the cherry blossoms first?

もう食べるの? 桜を見ないの?

 I'm so hungry.

お腹がペコペコなんだ。

 "Dumplings rather than flowers."

「花より団子」じゃな。

Girls' Festival ひな祭り

hina dolls
ひな人形

emperor
エンペラァ
おびな

empress
エンプレス
めびな

three court ladies
コート レイディズ
三人官女

five male musicians
メイル
五人囃子

Boys' Festival 端午の節句

May Boys' Festival dolls
五月人形

samurai helmet
ヘルメト
兜
かぶと

armor
アーマァ
鎧
よろい

Kintaro doll
金太郎

15

日本の夏の風物詩

夏の行事

 We enjoyed swimming in the sea but it was so crowded!

海水浴、楽しかったけど、混んでたね！

 It's one of the things we do in summer.

日本の夏の風物詩のひとつじゃ。

 Shall we leave now?

じゃあ、帰ろうか。

 Just a moment!

ちょっと待って！

 What's wrong?

どうしたの？

 I think the elastic in my swim trunks has snapped.

海水パンツのゴムが切れたみたい。

 Oh, my God!

うわー！

その他の夏の行事

Star Festival 七夕

Vega
ヴィガ
織姫
おりひめ

the Milky Way
ミルキィ
天の川

Altair
アルタイア
彦星
ひこぼし

paper lantern
ランタン
提灯
ちょうちん

bamboo
笹
ささ

strip of paper
ストゥリップ
短冊
たんざく

fireworks
ファイアワークス
花火

Bon festival
お盆
ぼん

firefly viewing
ファイアフライ
蛍狩り
ほたる が

月見を楽しもうよ

秋の行事

 It's a full moon tonight. <mark>Let's enjoy watching the moon.</mark>

今夜は満月。<mark>月見を楽しもう。</mark>

 Did you know we can only see one side of the moon from the earth?

きみらは、いつも月の同じ面だけを見ているって知っているかな?

 I didn't know that. We always see a rabbit on the moon!

知らなかった。いつもうさぎを見ているよ!

 In the US, we see a lady's face!

アメリカでは、女性の顔を見ているよ!

 In India, we see a crocodile!

インドでは、わにを見ているよ!

 Really? How interesting!

ホント? おもしろい!

その他の秋の行事

Shichi-go-san Festival 七五三

long life candy
千歳飴

kimono
着物

three years old
3歳

seven years old
7歳

five years old
5歳

autumn-leaf viewing
もみじ狩り

Japanese pear picking
梨狩り

baked sweet potato
焼き芋

日本の秋を説明しよう！

In fall, fruit is very delicious.
秋は果物がおいしい季節です。

The Japanese maples turn red in fall.
もみじは秋になると紅葉します。

19

雪合戦、楽しそう!

冬の行事

 I played in the snow in Ishikawa <ruby>Prefecture<rt>プリーフェクチァ</rt></ruby> where my grandparents live.

祖父母のいる石川県で、雪遊びをしたよ。

 In the areas near the Sea of Japan, there's a lot of snow.

日本海側の地域は、
雪が多いんじゃ。

 What did you do?

何をしたの?

 I had a <ruby>snowball<rt>スノウボール</rt></ruby> fight.

雪合戦。

 Sounds exciting!

おもしろそう!

キーフレーズ

 I made a <ruby>snowman<rt>スノウマン</rt></ruby> too.
I took a picture of it.

雪だるまも作ったよ。写真に撮ったんだ。

 Who does it look like?

だれかに似てるなあ。

 It looks like Buchi!

ブチだ!

Many people visit the snow festival every year.
毎年、雪祭りにたくさんの人が訪れます。

snow festival 雪祭り

snow statue
スタチュー
雪像

snow hut
ハット
かまくら

ekiden race
駅伝

Coming-of Age
セレモウニィ
Ceremony
成人式

Bean-throwing Ceremony
節分

手裏剣を折る!

折り紙

 Do you like *origami*?

折り紙は好き?

 Oh, yes, I can make a *samurai* helmet.

うん、兜を折れるよ。

 Origami has been practiced since the Edo period.

折り紙は江戸時代からあるんじゃ。

Wow, Buchi, why are you wearing a *ninja* costume?

あれ、ブチは、どうして忍者の格好をしてるの?

 Because I made a *shuriken* (throwing star).

手裏剣を折ったからじゃ。

 Cool!

かっこいい!

 Now, good-bye!

いざ、さらばじゃ!

 Wow! Buchi has disappeared!

あれ! ブチが消えちゃった!

いろいろな折り紙

crane
クレイン
鶴

goldfish
ゴウルドゥフィシ
金魚

cicada
スィカーダ
セミ

tulip
テューリプ
チューリップ

shirts
シャツ

***hina* dolls**
ひな人形

覚えておこう！

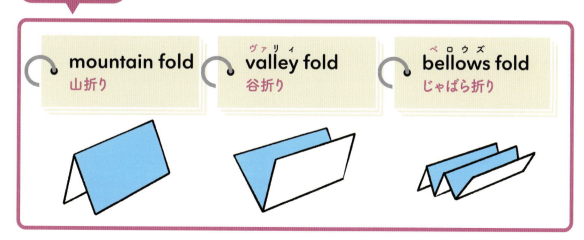

mountain fold
山折り

valley fold
ヴァリィ
谷折り

bellows fold
ベロウズ
じゃばら折り

竹馬の友って？

伝統的な遊び

 I walked on stilts when I was a child.

子どものころ、竹馬で遊んだよ。

 In Japan, we have an expression, "*chikuba-no-tomo.*"

日本には「竹馬の友」ということわざがあるんじゃ。

 What does that mean?

どういう意味？

キーフレーズ

 "*Chikuba*" means stilts. It means like an old friend from childhood, walking on stilts.

「ちくば」は竹馬のことじゃ。子どものころから竹馬で一緒に遊んだ幼なじみという意味じゃ。

いろいろな遊び

cat's cradle
クレイドゥル

あやとり

tossing beanbag
トースィン（グ） ビーンバグ

お手玉

hanafuda card game

花札

poem card game
ポウエム

百人一首

leapfrog
リープフローグ

うま と
馬跳び

jump rope

なわ と
縄跳び

cup and ball

けん玉

hide-and-seek
ハイド スィーク

かくれんぼ

paper balloon
バルーン

紙風船

25

将棋をしたことある？

将棋と囲碁

Have you ever played the game of *shogi*? キーフレーズ

将棋をしたことがある？

Yes, I have. My grandfather taught me how to play it.

あるよ。おじいちゃんが教えてくれた。

Are you good at it?

得意？

No. It's very difficult.

ううん。とても、難しいわ。

オリヂネイティド チェス
It originated in India and became chess in the West.

将棋はインドで生まれて、西洋に伝わったものは、チェスになったんだよ。

Really? India is amazing!

ホント？　インドってすごい！

I guess so.

ま、まあね。

shogi game 将棋

shogi board
将棋盤^{ばん}

shogi piece
駒^{こま}

kyosha / lance
香車^{きょうしゃ}

keima / knight
桂馬^{けいま}

osho / king
王将^{おうしょう}

kinsho / gold general
金将

gyokusho / king
玉将

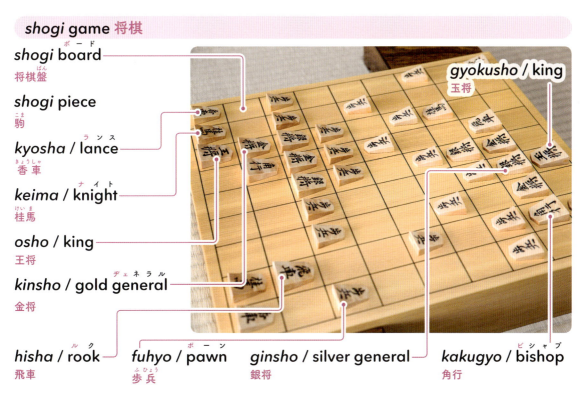

hisha / rook
飛車^{ひしゃ}

fuhyo / pawn
歩兵^{ふひょう}

ginsho / silver general
銀将

kakugyo / bishop
角行

go game 囲碁

first move
先手

second move
後手

go board
碁盤^{ごばん}

go stone
碁石^{ごせき}

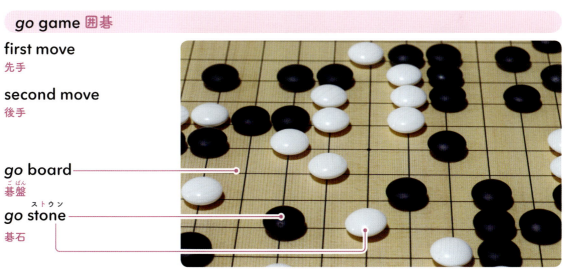

日本の伝統的な衣装

着物いろいろ

 I was happy to wear an informal cotton *kimono* at the summer festival!

夏祭りで浴衣が着られて、うれしかった！

 We have another *kimono* for celebrations and traditional events.

お祝い事や行事のときには、別の着物があるよ。

 **The *kimono* is the traditional costume of Japan.** キーフレーズ

着物は日本の伝統的な衣装なんじゃ。

 In the past, we wore *kimono* every day.

昔は、毎日着物を着ていたのよ。

 Sounds good. I want to wear one every day.

いいなあ。私も毎日着たいなあ。

 Don't take big steps!

大股で歩いちゃダメだよ！

いろいろな着物

long sleeved *kimono*
スリーヴド
振袖

sash bustle
サッシ バスル
帯揚げ

obi / kimono belt
帯

sash cord
帯締め
じ

full length *kimono*
レン（グ）ス
長着

Japanese short coat
羽織

formal divided
フォーマル ディヴァイディド
skirt
スカート
袴
はかま

Japanese socks
サックス
足袋
たび

Japanese
サンダルズ
sandals
草履
ぞうり

pure white *kimono*
ピュア
白無垢
しろむく

semiformal *kimono*
セミフォーマル
訪問着

informal cotton *kimono*
浴衣

お茶をたててあげよう

茶道

 I'll make some tea for you today.

今日はわしがお茶をたててあげよう。

 Thank you. Please explain the tea customs to us.
<small>イクスプレイン</small> <small>カスタムズ</small>

ありがとうございます。作法を教えてください。

 First, turn the tea bowl clockwise three times. Then, drink
<small>ボウル　クラックワイズ</small>
the tea. After that, turn the tea bowl counterclockwise
<small>カウンタァクラックワイズ</small>
three times.

まず、茶碗を3回右に回すんじゃ。続いて茶を飲む。その後、3回左に回すんじゃ。

 That was delicious!

結構なお手前でした！

 Oh! My legs are numb!
<small>ナム</small>

あー！あ、足が、しびれた！

いろいろな茶道具

waste-water bowl
ウェイスト
建水
けんすい

water jug
ヂャッグ
水差し

tea scoop
スクープ
茶杓
ちゃしゃく

tea caddy
キャディ
なつめ

tea bowl
茶碗

bamboo ladle
レイドゥル
柄杓
ひしゃく

bamboo whisk
ウィスク
茶筅
ちゃせん

tea kettle
ケトゥル
茶釜
ちゃがま

覚えておこう!

clockwise
右回りに、時計回りに

counterclockwise
左回りに、反時計回りに

柔道について教えて

いろいろな武道

 Please tell us about *judo*.

柔道について教えてください。 キーフレーズ

 Judo was originally a
martial art called *jujutsu*
or *yawara* during the
Sengoku period.

柔道は、元来、戦国時代の柔術、
柔と呼ばれた格闘技じゃった。

 I see.

なるほど。

 Later, Jigoro Kano
established Kodokan Judo in the early Meiji period. Now,
I'll show you how to do *judo*.

そして、嘉納治五郎が明治の初め
に、講道館柔道として大成したん
じゃ。よし、さっそくきみたちに柔道
を教えよう。

 No, thank you!

結構です！

武道を説明しよう！

Sumo is one of the national sports of Japan.
相撲は日本の国技のひとつです。

sumo
相撲

sumo referee
行司

sumo wrestling ring
土俵

sumo wrestler
力士

belt
まわし

match
取組

judo
柔道

karate
空手

kendo
剣道

kyudo
弓道

よかった〜、露天風呂！

旅館

What a nice open-air bath!

 キーフレーズ

露天風呂、よかった〜！

That's right! Some people take a day trip here.

うん！ 日帰りで来る人もいるんだよ。

Now, let's go.

じゃあ、行こう。

Wait! Where's Sai?

待って！ サイはどこ？

Can you help me? The hot water made Buchi dizzy.
ディズィ

ちょっと助けて！ ブチがのぼせちゃって。

I'm sorry. This is the first time for me to take a hot spring bath.

すまん。これが初めての温泉でのう。

34

Japanese-style room
和室

ハンギン（グ） スクロウル
hanging scroll
か じく
掛け軸

flower arrangement
アレインヂメント
生け花

low table
ざ たく
座卓

レグレス
legless chair
ざ い す
座椅子

hand towel
てぬぐい

large public bath
大浴場

hot spring
温泉

hot spring steamed bun
スティームド バン
温泉まんじゅう

ランドゥレイディ
landlady
おかみ
女将

ウェイトゥレス
waitress
なか い
仲居

「眠り猫」みたい！

神社と寺

 Here we are at Nikko Toshogu Shrine!
キーフレーズ
日光東照宮にやって来たよ！

 We have to see the sculptures of the three monkeys, "*mizaru, iwazaru,* and *kikazaru.*"
三匹の猿、「見ざる、言わざる、聞かざる」の彫刻を見なくちゃね。

 What do the sculptures mean?
その彫刻は、どういう意味？

 They mean "see no evil; speak no evil; hear no evil."
「悪いことは見ない、言わない、聞かない」だよ。

 Where's Buchi?
ブチはどこ？

 He's taking a nap.
昼寝しているよ。

 He looks like "the sculpture of the sleeping cat" here!
まるで、「眠り猫」みたい！

主な神社と寺

Nikko Toshogu Shrine
日光東照宮

shrine archway
鳥居

Ise-jingu Shrine
い せ じんぐう
伊勢神宮

Kasuga-taisha Shrine
かす が たいしゃ
春日大社

Itsukushima-jinja Shrine
いつくしまじんじゃ
厳島神社

Horyu-ji Temple
ほうりゅう じ
法隆寺

Kiyomizu-dera Temple
きよみずでら
清水寺

Todai-ji Temple
とうだい じ
東大寺

Kinkaku-ji Temple
きんかく じ
金閣寺

Ginkaku-ji Temple
ぎんかく じ
銀閣寺

神輿をかつげるなんて！
みこし

祭りと縁日
えんにち

神輿をかつげるなんて感激！

It's the palanquin of a god.
バランキーン

神輿は神様の乗り物じゃ。

I'm getting hungry. I want to eat something at the street fair.
フェア

お腹がすいてきた。縁日で何か
なか
食べたいなあ。

 "Munch, munch, munch."
マンチ

もぐもぐもぐ。

 Oh, look! Buchi is eating something now!

見て！ ブチはもう何か食べてる！

祭りと縁日を説明しよう！

This is a *happi* coat.
これは、はっぴです。

ヘッドゥバンド
headband
はちま
鉢巻き

ヂャンズ
long johns
ももひき
股引

happi coat
はっぴ

portable shrine
神輿

フロウト
float
だし
山車

アクトパス
octopus ball
たこ焼き

ヨウ ヨウ フキン（グ）
yo-yo hooking
ヨーヨー釣り

ゴウルドゥフィシ スクーピン（グ）
goldfish scooping
金魚すくい

カトゥン
cotton candy
綿あめ

安くておいしい回転寿司

寿司

This is a *sushi*-go-round, right?

これが回転寿司かあ！

It's cheap and delicious. That's why it's very popular in Japan.

キーフレーズ

回転寿司は安くておいしいから人気なんだ。

It's really popular in the US too.

アメリカでもとても人気があるのよ。

It's on me today. Eat as much as you like!

今日はわしのおごりじゃ。どんどん食べてくれ！

This fatty tuna is so delicious!

このとろ、とってもおいしい！

First, I'll have the sea urchin.

私は、まずうにから行こうかな。

What? Well, uh, OK.

え？ まあ、ほどほどにな。

いろいろな寿司

salmon roe
いくら

sea urchin
うに

scallop
ほたて貝

tuna
まぐろ

squid
いか

sea bass
すずき

egg
卵

conger eel
あなご

pickled ginger
がり

sweet shrimp
甘海老

salmon
サーモン

sardine
いわし

bonito
かつお

crab
かに

octopus
たこ

soy sauce
しょうゆ

wasabi /
Japanese
horseradish
わさび

sushi pocket
いなり寿司

thick *sushi* roll
太巻き

temari ball
sushi
手まり寿司

sashimi on
sushi rice
in a bowl
ちらし寿司

日本の伝統料理のひとつ

和食

 I had *tonkatsu*, a pork cutlet
(カトゥレト)
yesterday.

昨日、とんかつを食べたよ。

 **It's one of the traditional
Japanese foods.**

とんかつは、日本の伝統料理のひとつだよ。

 Some people eat it before a
game or a test for good luck.

(えんぎ)
縁起をかついで、試合やテストの前に食べ
る人もおる。

 What do you mean?

どういう意味?

 "*Katsu*" means "to win" in Japanese.

「かつ」は、日本語では、「win」(勝つ)の意味なんじゃ。

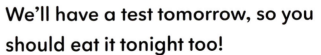 We'll have a test tomorrow, so you
should eat it tonight too!

じゃあ、リリィは今夜もとんかつだね。明日はテストがあ
るから。

sukiyaki / hot pot of meat and vegetables

すき焼き

tempura / deep-fried fish and vegetables

天ぷら

shabushabu / hot pot
スィン スライスト ビーフ
of thin-sliced beef

しゃぶしゃぶ

pot rice
かまめし
釜飯

グリルド イール
grilled eel

うなぎのかば焼き

traditional
マルティ コース
multicourse meal

会席料理

grilled chicken
スキュー ア
skewer

焼き鳥

udon /
udon noodles

うどん

soba /
soba noodles

そば

朝ごはんには食べられないものは？

朝食

What did you have for breakfast?

朝ごはんは何を食べた？

I had *miso* soup and rice.

味噌汁とごはんだよ。

It's very Japanese.

とっても日本的だね。

I love Japanese food. By the way, what can you never eat for breakfast?

和食は大好き。ところで、朝ごはんには絶対に食べられないもの、な〜んだ？

Is that a riddle? Let's see. I'm not sure.

なぞなぞなの？ えーと。わからないな。

Dinner!

夕食です！

基本的な朝ごはん

rolled omelet
アムレット
卵焼き

fermented soybeans
ファーメンティド ソイビーンズ
なっとう
納豆

miso soup
味噌汁

grilled fish
グリルド
焼き魚

rice
ごはん

pickles
ピクルズ
つけもの
漬物

味噌汁の具を説明しよう！

seaweed
スィーウィード
わかめ

deep-fried *tofu*
あぶら あ
油揚げ

leek
リーク
ねぎ

***tofu* / soybean curd**
カード
とう ふ
豆腐

***nameko* mushroom**
マシルーム
なめこ

***asari* clam**
クラム
あさり

これが大好物！

和菓子

 I bought *taiyaki* at a popular shop.

人気のお店で鯛焼きを買ってきたよ。

 It's a fish-shaped パンケイク pancake.

鯛焼きは、魚の形をしたパンケーキじゃ。

 It's usually フィルド filled with *adzuki* bean ペイスト paste. But some have カスタード クリーム custard cream or chocolate.

普通はあんこが入ってるけど、カスタードクリームやチョコレートもあるよね。

 That shop has *wasabi* too.

あのお店には、わさびもあるよ。

 No, thank you!

いらないよ！

 Buchi, how about you?

ブチはどう？

 It's my favorite!

大好物じゃ！

bean paste bun

まんじゅう

<ruby>スキューアド<rt></rt></ruby>
skewered
<ruby>ダンプリン（グ）ズ<rt></rt></ruby>
dumplings

<ruby>串団子<rt>くしだんご</rt></ruby>

rice ball in *adzuki* bean paste

おはぎ

<ruby>クラカァ<rt></rt></ruby>
rice cracker

せんべい

<ruby>スパイスィ<rt></rt></ruby>
spicy small rice cracker

<ruby>柿の種<rt>かき</rt></ruby>

<ruby>スパンヂ<rt></rt></ruby>
sponge cake

カステラ

<ruby>シェイヴド<rt></rt></ruby>
shaved ice

かき氷

***konpeito* sugar candy**

金平糖

<ruby>アーガァ<rt></rt></ruby>
agar noodles

ところてん

アメリカでは「*tofu*」と言うよ

調味料と道具

 Do you know what's made from soybean?

みんなは、大豆からできているものを何か知っているかな？

 Fermented soybeans.

納豆。

 Anything else?

他には？

 Soybean curd. **We call it "*tofu*" in the US.**

豆腐。 アメリカでは「*tofu*」と言っているよ。

 Soybean paste and soy sauce too.

味噌としょうゆも。

 Soybeans are very good for your health.

大豆は、健康にとてもいいんじゃよ。

 But we like meat better than soybeans!

でも、大豆より肉がいいなあ！

soy sauce
しょうゆ

miso /
soybean paste
味噌

メ イ オ ネ イ ズ
mayonnaise
マヨネーズ

ケ チ ャ プ
ketchup
ケチャップ

sugar
砂糖

salt
塩

ボ ウ ル
rice bowl
ちゃわん
茶碗

soup bowl
しるわん
汁椀

ス ク ー プ
rice scoop
しゃもじ

ボ ー ド
cutting board
まな板

kitchen knife
包丁

チ ャ プ ス テ ィ ク ス
chopsticks for
cooking
さいばし
菜箸

箸を人にむけてはだめ！

箸の使い方

 Which one will I eat first?

どれから食べようかな？

 Wait! You shouldn't wave your chopsticks above the food!

待って！　食べものの上で箸を動かしてはだめ！

 Is that so?

そうなの？

 You didn't know about that!

そんなことも知らないんだ！

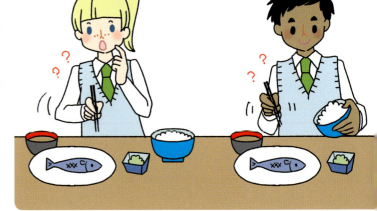

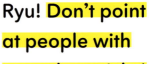

 Ryu! **Don't point at people with your chopsticks!**

リュウ！　箸を人にむけるんじゃない！

 I'm so sorry!

す、すみません！

50

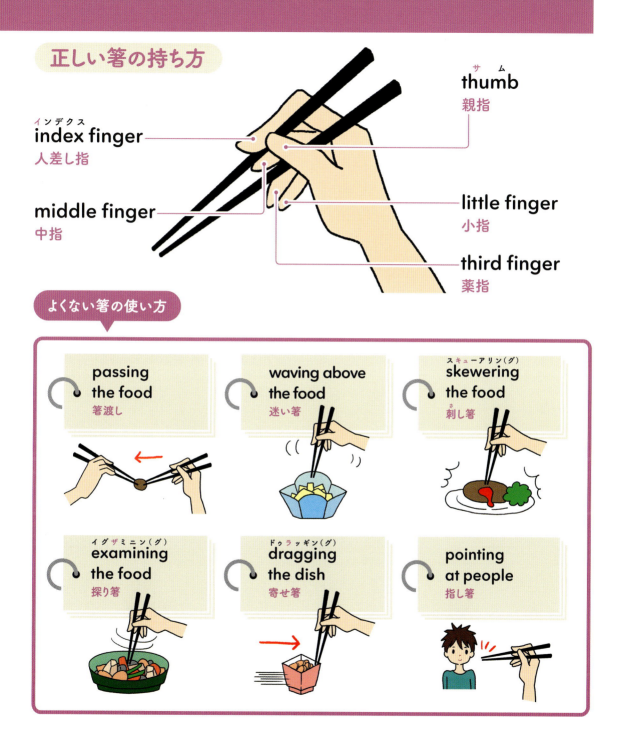

正しい箸の持ち方

thumb
親指

index finger
人差し指

middle finger
中指

little finger
小指

third finger
薬指

よくない箸の使い方

passing the food
箸渡し

waving above the food
迷い箸

skewering the food
刺し箸

examining the food
探り箸

dragging the dish
寄せ箸

pointing at people
指し箸

畳は何でできている?

日本の家

 A Japanese-style room is cool.

和室って涼しいね。

 The air flows well through a Japanese house.

日本の家は風通しがいいんだ。

 What's a *tatami* mat made of? キーフレーズ

畳は何でできているの?

 It's made of rush. It's cool in summer and warm in winter.

いぐさじゃよ。夏は涼しく、冬は暖かいんじゃ。

 Japanese houses are well-planned.

日本の家にはいろんな工夫があるのね。

 There's another interesting thing about in this room.

この部屋には別の工夫もあるんじゃ。

 What's that?

何ですか?

 A secret door!

隠し扉じゃ!

和室を見てみよう！

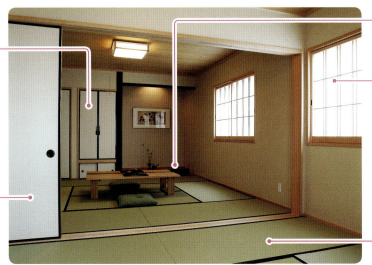

closet
クラゼト
押入れ
おしい

fusuma
スライディン（グ）
sliding door
襖
ふすま

alcove
アルコウヴ
床の間
とこま

paper sliding door
障子

tatami **mat**
畳

foot warmer
こたつ

bamboo blind
すだれ

shop curtain
カートゥン
のれん

mosquito coil
モスキートゥ コイル
蚊取り線香
かせんこう

Buddhist altar
ブーディスト オールタァ
仏壇
ぶつだん

Shinto altar
かみだな
神棚

侍はどうしてちょんまげ？

侍と城

 Samurai were also called "*bushi.*" The *samurai* government(ガヴァメント) lasted for about 600 years until the Edo period(ピアリオド).

侍は「武士」とも言う。武士の世は、江戸時代まで、約600年間続いたんじゃ。

 Why did *samurai* have a topknot(タップナット)?

侍はどうしてちょんまげ姿なの？

 They had to shave(シェイヴ) the top of their heads to wear *samurai* helmets(ヘルメッツ).

兜（かぶと）をかぶるために剃（そ）ったんじゃ。

 I see. So cool!

なるほど。かっこいいよなあ！

 Well, I don't think I'm cool.

いや、それほどでも…。

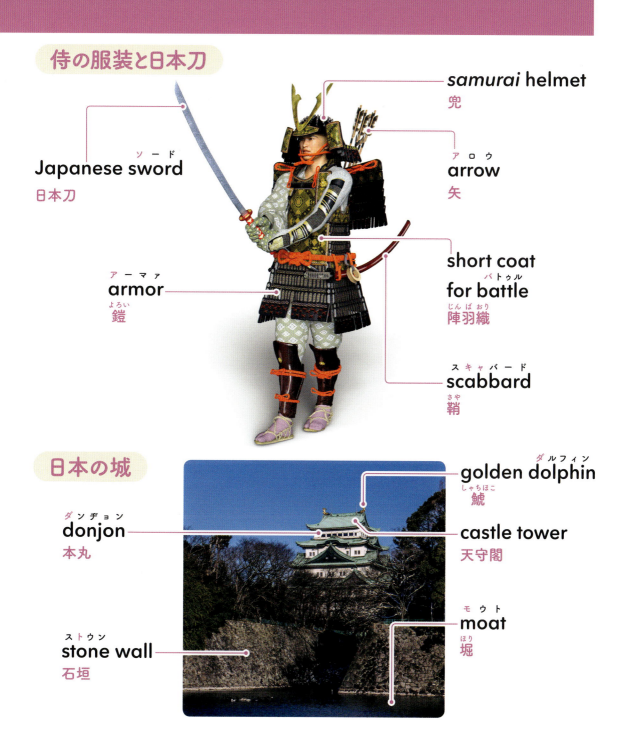

侍の服装と日本刀

Japanese sword
ソード
日本刀

***samurai* helmet**
兜

arrow
アロウ
矢

armor
アーマァ
よろい
鎧

**short coat
for battle**
バトゥル
じんばおり
陣羽織

scabbard
スキャバード
さや
鞘

日本の城

golden dolphin
ダルフィン
しゃちほこ
鯱

donjon
ダンヂョン
本丸

castle tower
天守閣

moat
モウト
ほり
堀

stone wall
ストウン
石垣

55

どうして猫年がない？

十二支

 Why don't we have The Cat in the Japanese zodiac? キーフレーズ
ゾウディアク

干支にはどうして猫年がないの？

 It's a long story.

話せば長くなる。

 Keep it short, please!

短くお願いします！

 A long time ago, a rat ラット **cheated a cat. At New** チーティド **Year, the cat was late to greet God. And so he was not** チョウズン **chosen as one of the twelve animals.**

昔々、猫はねずみにだまされてな。元旦の神様へのあ
いさつが遅れて、十二支の動物に入れなかったんじゃ。

 Poor cat!

かわいそうな猫！

 That's why cats run after the rats!

だから、猫はねずみを見ると追いかけるんじゃ！

十二支

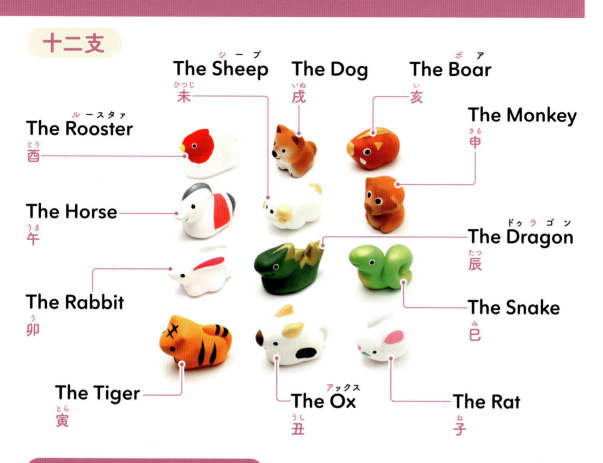

The Sheep
シープ
未（ひつじ）

The Dog
戌（いぬ）

The Boar
ボア
亥（い）

The Monkey
申（さる）

The Rooster
ルースタァ
酉（とり）

The Horse
午（うま）

The Dragon
ドゥラゴン
辰（たつ）

The Rabbit
卯（う）

The Snake
巳（み）

The Tiger
寅（とら）

The Ox
アックス
丑（うし）

The Rat
子（ね）

干支を聞いてみよう！言ってみよう！

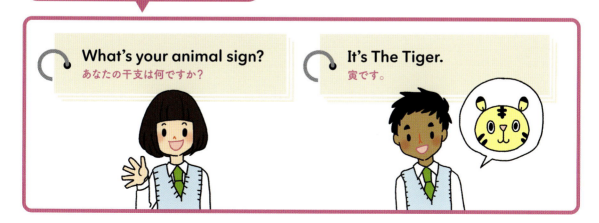

What's your animal sign?
あなたの干支は何ですか？

It's The Tiger.
寅です。

招き猫は縁起物

縁起物

This is a beckoning cat and it's a good luck charm.

ベカニン（グ） チャーム

これは招き猫。縁起物なんじゃ。

This cat raises his right forepaw.

フォーポー

こっちは右前足を挙げているよ。

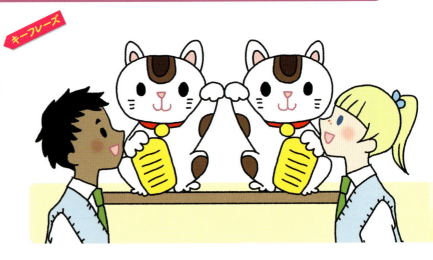

That cat will bring money to you. This cat, raising his left forepaw, will bring people to you.

その猫は、お金を招くんじゃ。この左前足を挙げている猫は、人を招くんじゃよ。

Buchi is a special cat who teaches us a lot, right?

ブチは、たくさんのことを教えてくれる特別な猫だね。

いろいろな縁起物

daruma doll
だるま

good luck arrow
アロウ
破魔矢

good luck rake
レイク
熊手

straw rope decoration
ストゥロー ロウプ
デコレイション
しめ飾り

New Year's pine decoration
パイン
門松

mumps mask
マンプス
お多福面

the seven gods of fortune
フォーチュン
七福神

春の桜は日本人の自慢

日本人が好きなもの

 We have four seasons in Japan, so we like nature.

日本には四季があって、ぼくたち日本人は、自然が好きなんだ。

 We're so proud of the cherry blossoms in spring.

春の桜は日本人の自慢なんだ。

 Snow-crowned Mt. Fuji is so beautiful too.

雪の富士山もとってもきれいだよね。

 I like winter.

わしは、冬が好きじゃ。

 What do you like in winter?

冬の何が好きなの？

 A foot warmer. A cat becomes round in it!

こたつじゃ。猫はこたつで丸くなるんじゃ！

日本人が好きなものいろいろ

cherry blossom

桜

ear of rice

稲穂

full moon

満月

pine

松

bamboo

竹

ume blossom

梅

little cuckoo

ほととぎす

crane

鶴

ibis

とき

さくいん

●編著：大門久美子（だいもん・くみこ）
岡山県出身。千葉県在住。岡山大学大学院教育学研究科修了。(株)ベネッセコーポレーションで子ども向けの教材制作に携わり、その後独立。編集プロダクションを経営する傍ら、著作活動も精力的に行い、教育・実用・趣味の分野で、イラストやマンガ展開の執筆を得意とする。主な著書に、『1000人が選んだ一番よく使う旅の英語72フレーズ』(三修社)、『ようこそ日本へ！写真英語ずかん(全3巻)』(汐文社)、『ピクサーのなかまと学ぶはじめての科学(宇宙のふしぎ／地球のふしぎ／生きもののふしぎ)』(KADOKAWA)など多数。
会社HP http://www.ady.co.jp/
●イラスト：これきよ
子供と女性向けのかわいいイラストを色々な媒体に描いています。キラキラと魔女っ子が好き。
「ノート・日記・手帳が楽しくなる　ゆるスケッチ(インプレス)」など著書多数。
http://corekiyo.net
●デザイン：小沼宏之
●英文校閲：野澤敦子／Margaret Sumida
●編集協力：川浪美帆
●写真：Pixta

Welcome to Japan!
中学英語で話そう 日本の文化
3 伝統文化でおもてなし

2017年11月　初版第1刷発行
2020年 3月　初版第2刷発行

編著——大門久美子
発行者——小安宏幸
発行所——株式会社汐文社
〒102-0071 東京都千代田区富士見1-6-1
富士見ビル1F
TEL03-6862-5200 FAX03-6862-5202
http://www.choubunsha.com/
印刷製本—株式会社シナノ

ISBN978-4-8113-2415-9